AF206742

Impressum
Verlag: BABADADA GmbH, Nedderfeld 112 , 22529 Hamburg
Geschäftsführer / Verlagsleitung: Harald Hof
Druck: Books on Demand GmbH, In de Tarpen 42, 22848 Norderstedt

Imprint
Publisher: BABADADA GmbH, Nedderfeld 112 , 22529 Hamburg, Germany
Managing Director / Publishing direction: Harald Hof
Print: Books on Demand GmbH, In de Tarpen 42, 22848 Norderstedt, Germany

школа
die Schule

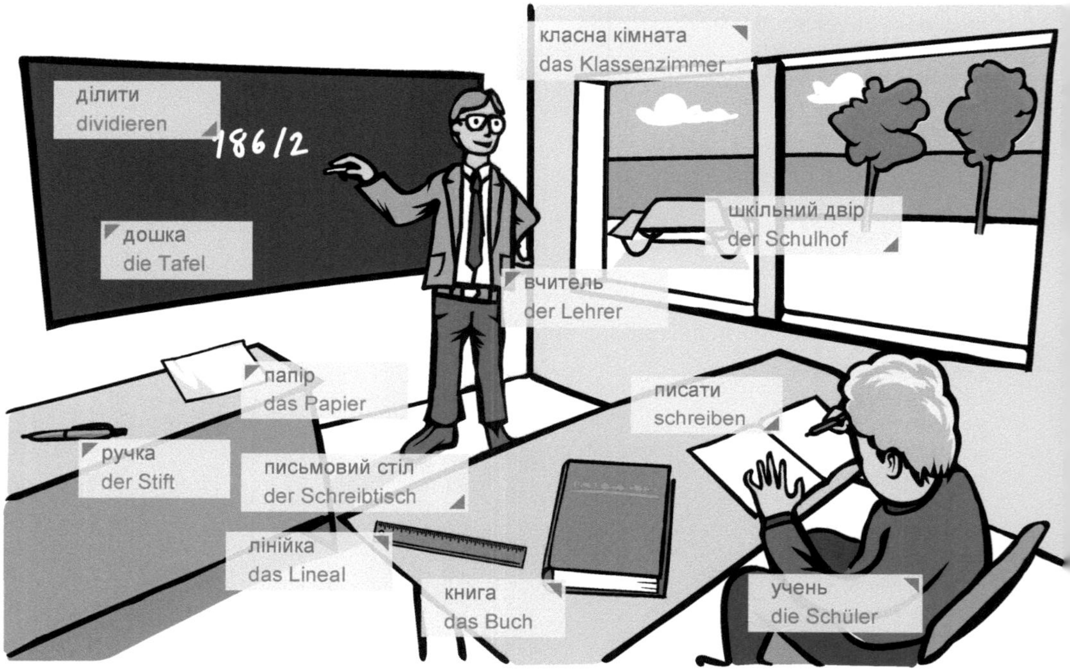
класна кімната
das Klassenzimmer
ділити
dividieren
186/2
дошка
die Tafel
шкільний двір
der Schulhof
вчитель
der Lehrer
папір
das Papier
писати
schreiben
ручка
der Stift
письмовий стіл
der Schreibtisch
лінійка
das Lineal
книга
das Buch
учень
die Schüler

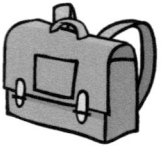

ранець

der Ranzen

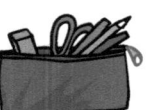

пенал

die Federmappe

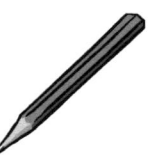

олівець

der Bleistift

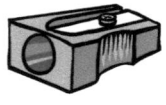

точило

der Bleistiftanspitzer

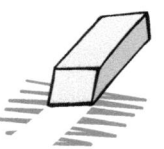

гумка

das Radiergummi

альбом для малювання

der Zeichenblock

малюнок

die Zeichnung

пензель

der Pinsel

коробка фарб

der Malkasten

ножиці

die Schere

клей

der Klebstoff

зошит

das Übungsheft

домашнє завдання

die Hausaufgabe

число

die Zahl

додавати

addieren

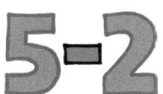

віднімати

subtrahieren

множити

multiplizieren

рахувати

rechnen

літера

der Buchstabe

ABCDEFG
HIJKLMN
OPQRSTU
VWXYZ

абетка

das Alphabet

слово

das Wort

текст

der Text

читати

lesen

крейда

die Kreide

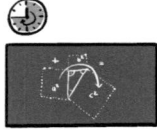

година

die Stunde

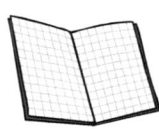

класний журнал

das Klassenbuch

екзамен

die Prüfung

диплом

das Zeugnis

шкільна форма

die Schuluniform

освіта

die Ausbildung

лексикон

das Lexikon

університет

die Universität

мікроскоп

das Mikroskop

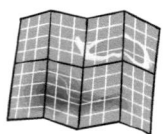

карта

die Karte

кошик для паперу

der Papierkorb

подорож

die Reise

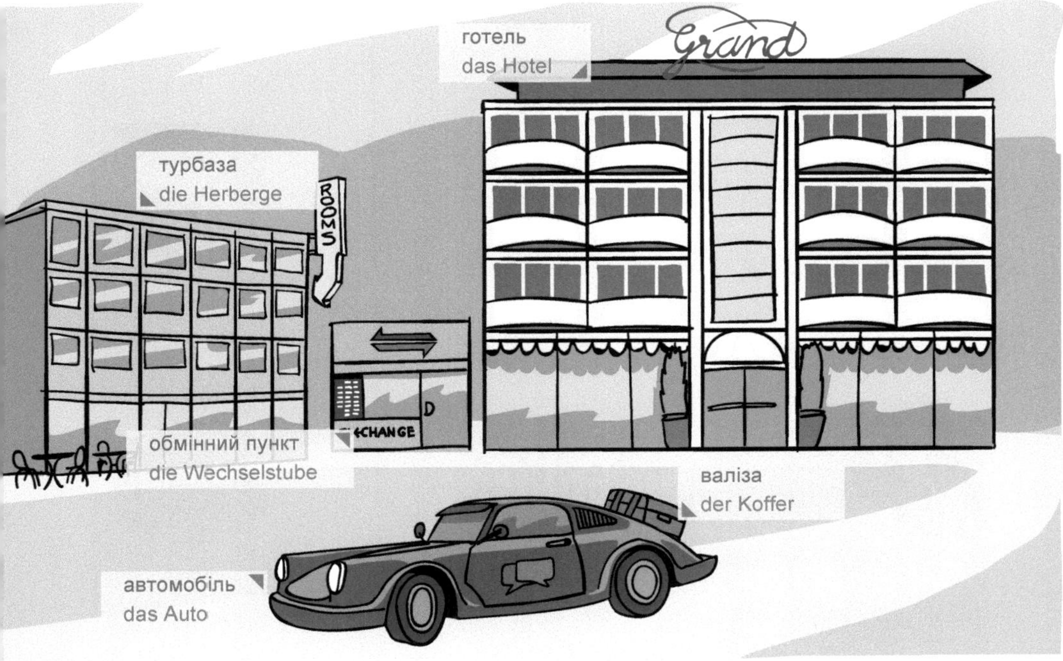
готель
das Hotel
Grand
турбаза
die Herberge
ROOMS
обмінний пункт
die Wechselstube
EXCHANGE
валіза
der Koffer
автомобіль
das Auto

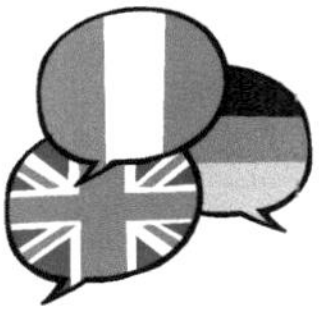

мова

die Sprache

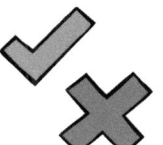

так / ні

ja / nein

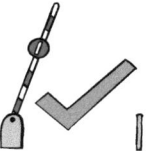

добре

Okay

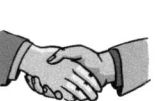

привіт

Hallo

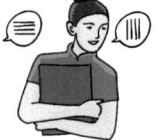

перекладач

der Übersetzer

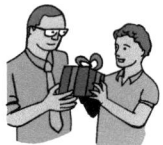

дякую

Danke

Скільки коштує ...?

Was kostet...?

Я не розумію

Ich verstehe nicht

проблема

das Problem

Добрий вечір!

Guten Abend!

Доброго ранку!

Guten Morgen!

На добраніч!

Gute Nacht!

До побачення

Auf Wiedersehen

напрямок

die Richtung

багаж

das Gepäck

сумка

die Tasche

рюкзак

der Rucksack

гість

der Gast

кімната

das Zimmer

спальний мішок

der Schlafsack

намет

das Zelt

туристична інформація

die Touristeninformation

пляж

der Strand

кредитна картка

die Kreditkarte

сніданок

das Frühstück

обід

das Mittagessen

вечеря

das Abendessen

квиток

die Fahrkarte

ліфт

der Fahrstuhl

поштова марка

die Briefmarke

межа

die Grenze

митниця

der Zoll

посольство

die Botschaft

віза

das Visum

паспорт

der Pass

транспорт
der Transport

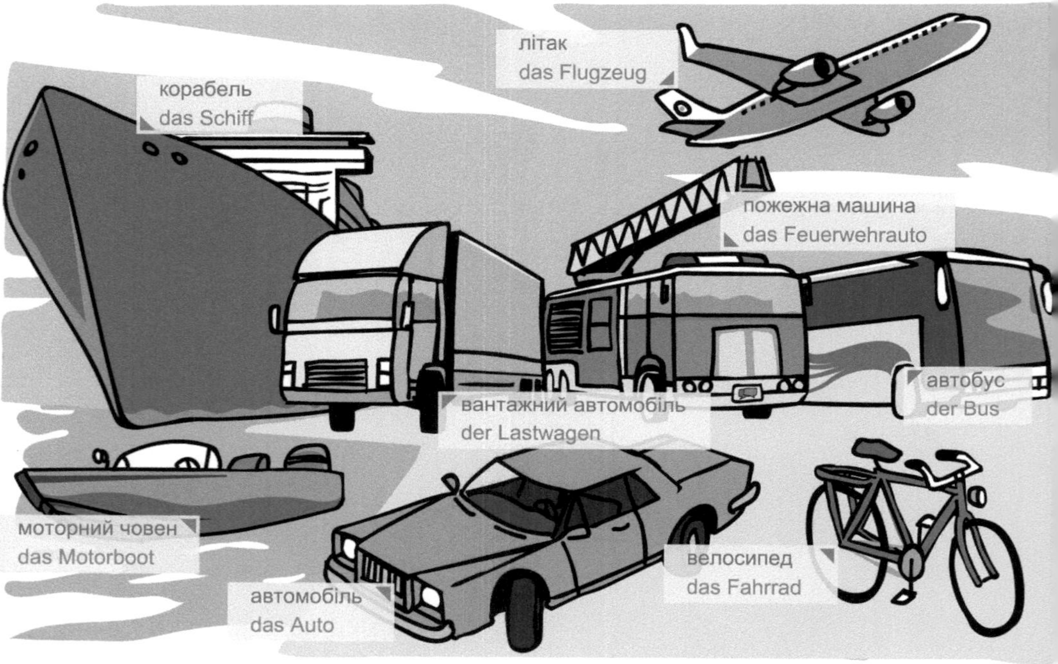

літак
das Flugzeug
корабель
das Schiff
пожежна машина
das Feuerwehrauto
автобус
der Bus
вантажний автомобіль
der Lastwagen
моторний човен
das Motorboot
велосипед
das Fahrrad
автомобіль
das Auto

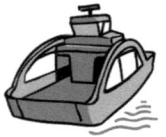

пором

die Fähre

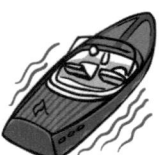

човен

das Boot

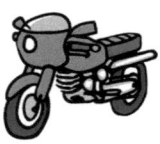

мотоцикл

das Motorrad

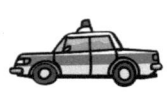

поліцейська машина

das Polizeiauto

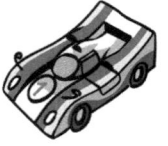

гоночний автомобіль

das Rennauto

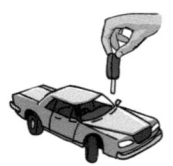

автомобіль на прокат

der Mietwagen

спільне користування авто

das Carsharing

евакуатор

der Abschleppwagen

сміттєвоз

das Müllauto

двигун

der Motor

паливо

der Kraftstoff

автозаправна станція

die Tankstelle

дорожній знак

das Verkehrsschild

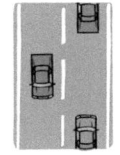

рух

der Verkehr

затор

der Stau

стоянка

der Parkplatz

вокзал

der Bahnhof

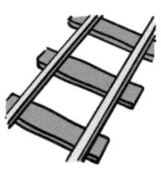

рейки

die Schienen

потяг

der Zug

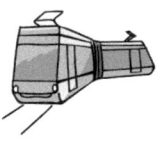

трамвай

die Straßenbahn

вагон

der Wagon

гелікоптер

der Helikopter

аеропорт

der Flughafen

вежа

der Tower

пасажир

der Passagier

контейнер

der Container

коробка

der Karton

візок

der Karren

кошик

der Korb

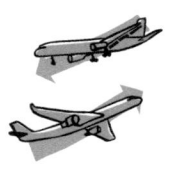

стартувати / приземлятися

starten / landen

місто

die Stadt

село

das Dorf

центр міста

das Stadtzentrum

дім

das Haus

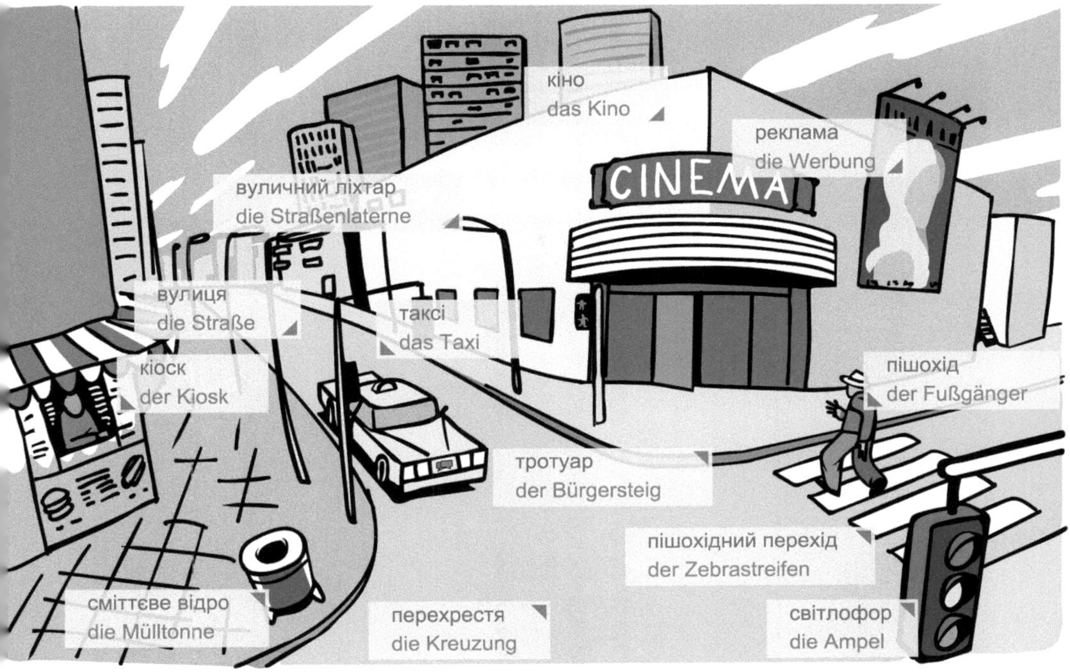
кіно
das Kino
CINEMA
реклама
die Werbung
вуличний ліхтар
die Straßenlaterne
вулиця
die Straße
таксі
das Taxi
кіоск
der Kiosk
пішохід
der Fußgänger
тротуар
der Bürgersteig
пішохідний перехід
der Zebrastreifen
сміттєве відро
die Mülltonne
перехрестя
die Kreuzung
світлофор
die Ampel

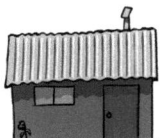

хатина

die Hütte

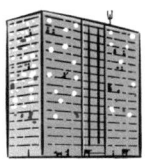

квартира

die Wohnung

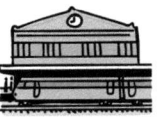

вокзал

der Bahnhof

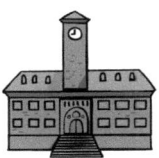

ратуша

das Rathaus

MUSEUM

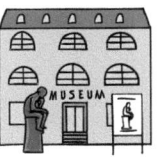

музей

das Museum

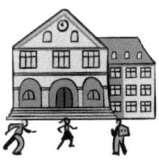

школа

die Schule

університет

die Universität

банк

die Bank

лікарня

das Krankenhaus

готель

das Hotel

аптека

die Apotheke

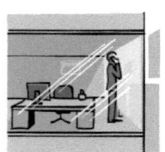

офіс

das Büro

книжковий магазин

die Buchhandlung

магазин

das Geschäft

квітковий магазин

der Blumenladen

супермаркет

der Supermarkt

ринок

der Markt

універмаг

das Kaufhaus

торговець рибою

der Fischhändler

торговельний центр

das Einkaufszentrum

гавань

der Hafen

парк

der Park

лава

die Bank

міст

die Brücke

сходи

die Treppe

метро

die U-Bahn

тунель

der Tunnel

автобусна зупинка

die Bushaltestelle

бар

die Bar

ресторан

das Restaurant

поштова скринька

der Briefkasten

вулична табличка

das Straßenschild

лічильник паркування

die Parkuhr

зоопарк

der Zoo

басейн

die Badeanstalt

мечеть

die Moschee

ферма
der Bauernhof

забруднення
навколишнього
середовища
die Umweltverschmutzung

кладовище
der Friedhof

церква
die Kirche

дитячий майданчик
der Spielplatz

храм
der Tempel

ландшафт
die Landschaft

листок
das Blatt

вказівний стовп
der Wegweiser

шлях
der Weg

луг
die Wiese

камінь
der Stein

мандрівник
der Wanderer

дерево
der Baum

річка
der Fluss

трава
das Gras

квітка
die Blume

долина

das Tal

гора

der Berg

озеро

der See

ліс

der Wald

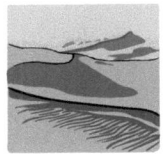

пустеля

die Wüste

вулкан

der Vulkan

замок

das Schloss

веселка

der Regenbogen

гриб

der Pilz

пальма

die Palme

комар

der Moskito

муха

die Fliege

мурашка

die Ameise

бджола

die Biene

павук

die Spinne

ландшафт - die Landschaft

жук

der Käfer

жаба

der Frosch

вивірка

das Eichhörnchen

їжак

der Igel

заєць

der Hase

сова

die Eule

птах

die Vogel

лебідь

der Schwan

кабан

das Wildschwein

олень

der Hirsch

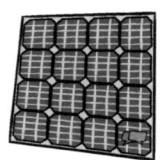

лось

der Elch

гребля

der Staudamm

вітряк

das Windrad

сонячний модуль

das Solarmodul

клімат

das Klima

ресторан
das Restaurant

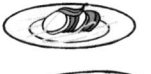

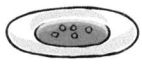

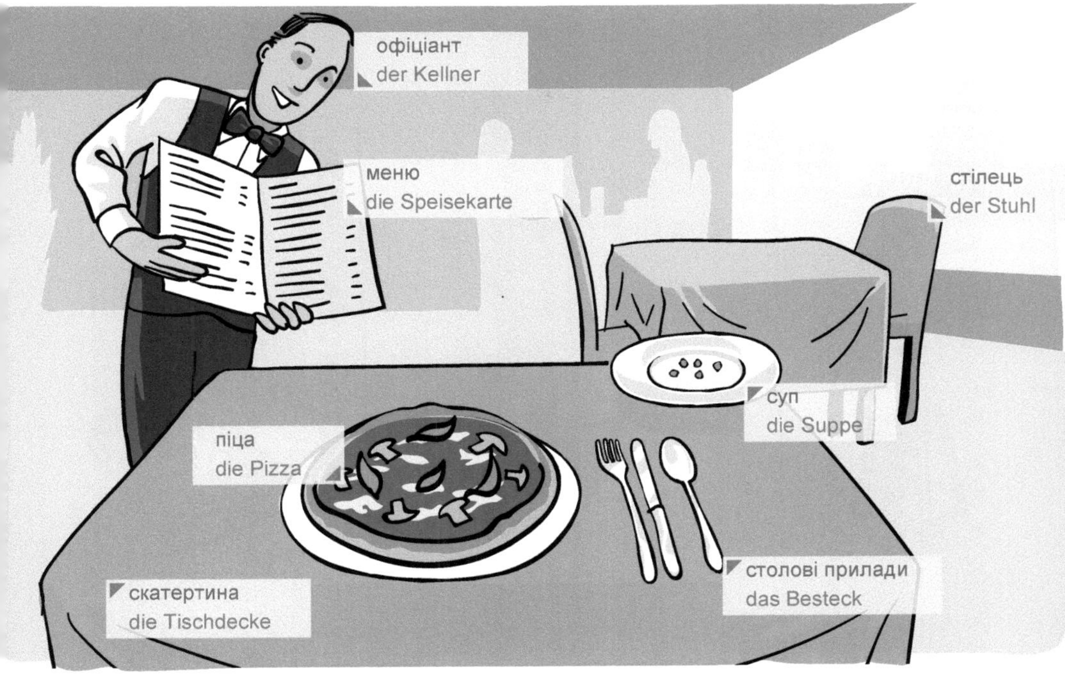

офіціант
der Kellner
меню
die Speisekarte
стілець
der Stuhl
суп
die Suppe
піца
die Pizza
столові прилади
das Besteck
скатертина
die Tischdecke

закуска

die Vorspeise

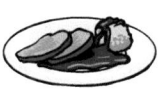

друга страва

das Hauptgericht

десерт

die Nachspeise

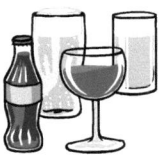

напої

die Getränke

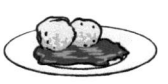

їжа

das Essen

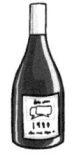

пляшка

die Flasche

фаст-фуд

das Fastfood

вулична їжа

das Streetfood

чайник

die Teekanne

цукорниця

die Zuckerdose

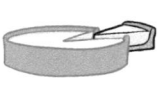

порція

die Portion

еспресо-машина

die Espressomaschine

високий стільчик

der Hochstuhl

рахунок

die Rechnung

піднос

das Tablett

ніж

das Messer

вилка

die Gabel

ложка

der Löffel

чайна ложка

der Teelöffel

серветка

die Serviette

склянка

das Glas

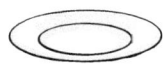

тарілка

der Teller

тарілка для супу

der Suppenteller

блюдце

die Untertasse

соус

die Sauce

солонка

der Salzstreuer

млин для перцю

die Pfeffermühle

оцет

der Essig

масло

das Öl

спеції

die Gewürze

кетчуп

das Ketchup

гірчиця

der Senf

майонез

die Mayonnaise

супермаркет

der Supermarkt

пропозиція
das Angebot
FOR
клієнт
der Kunde
молочні продукти
die Milchprodukte
фрукти
das Obst
візок для покупок
der Einkaufswagen

BUTCHERS

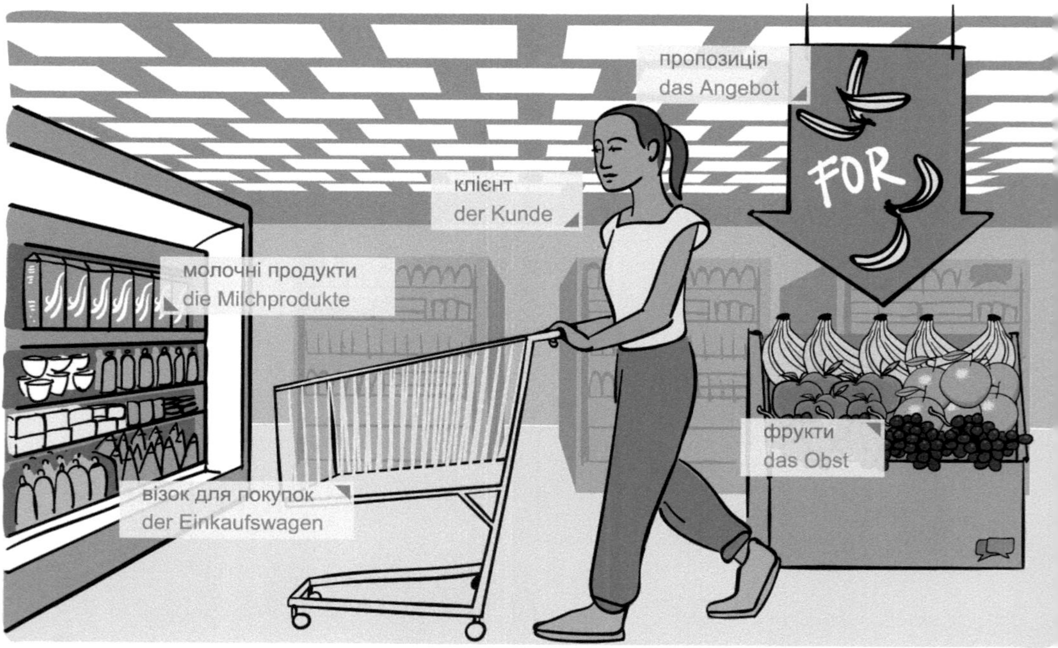

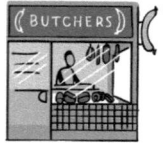

м'ясний магазин

die Schlachterei

BAKERY

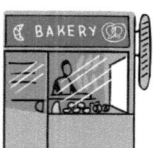

пекарня

die Bäckerei

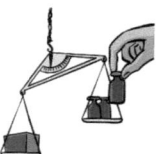

зважувати

wiegen

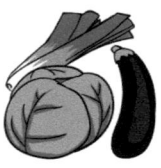

овочі

das Gemüse

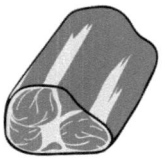

м'ясо

das Fleisch

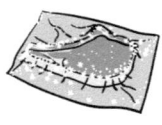

заморожені продукти

die Tiefkühlkost

ковбасна нарізка

der Aufschnitt

консерви

die Konserven

пральний порошок

das Waschmittel

солодощі

die Süßigkeiten

предмети домашнього побуту

die Haushaltsartikel

мийний засіб

das Reinigungsmittel

продавщиця

die Verkäuferin

каса

die Kasse

касир

der Kassierer

список покупок

die Einkaufsliste

часи роботи

die Öffnungszeiten

гаманець

die Brieftasche

кредитна картка

die Kreditkarte

сумка

die Tasche

поліетиленовий пакет

die Plastiktüte

вода
das Wasser

сік
der Saft

молоко
die Milch

кола
die Cola

вино
der Wein

пиво
das Bier

алкоголь
der Alkohol

какао
der Kakao

чай
der Tee

кава
der Kaffee

еспресо
der Espresso

капучіно
der Cappuccino

банан

die Banane

яблуко

der Apfel

апельсин

die Orange

кавун

die Melone

лимон

die Zitrone

морква

die Karotte

часник

der Knoblauch

бамбук

der Bambus

цибуля

die Zwiebel

гриб

der Pilz

горішки

die Nüsse

локшина

die Nudeln

спагеті

die Spaghetti

рис

der Reis

салат

der Salat

картопля фрі

die Pommes frites

смажена картопля

die Bratkartoffeln

піца

die Pizza

гамбургер

der Hamburger

бутерброд

das Sandwich

шніцель

das Schnitzel

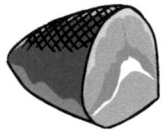

шинка

der Schinken

салямі

die Salami

ковбаса

die Wurst

курка

das Huhn

печеня

der Braten

риба

der Fisch

вівсяні пластівці

die Haferflocken

мюслі

das Müsli

кукурудзяні пластівці

die Cornflakes

борошно

das Mehl

круасан

das Croissant

булочка

das Brötchen

хліб

das Brot

тостовий хліб

der Toast

печиво

die Kekse

масло

die Butter

сир

der Quark

пиріг

der Kuchen

яйце

das Ei

яєчня

das Spiegelei

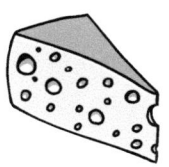

сир

der Käse

морозиво

die Eiscreme

мармелад

die Marmelade

цукор

der Zucker

нуга-крем

die Nougat-Creme

мед

der Honig

карі

das Curry

ферма
der Bauernhof

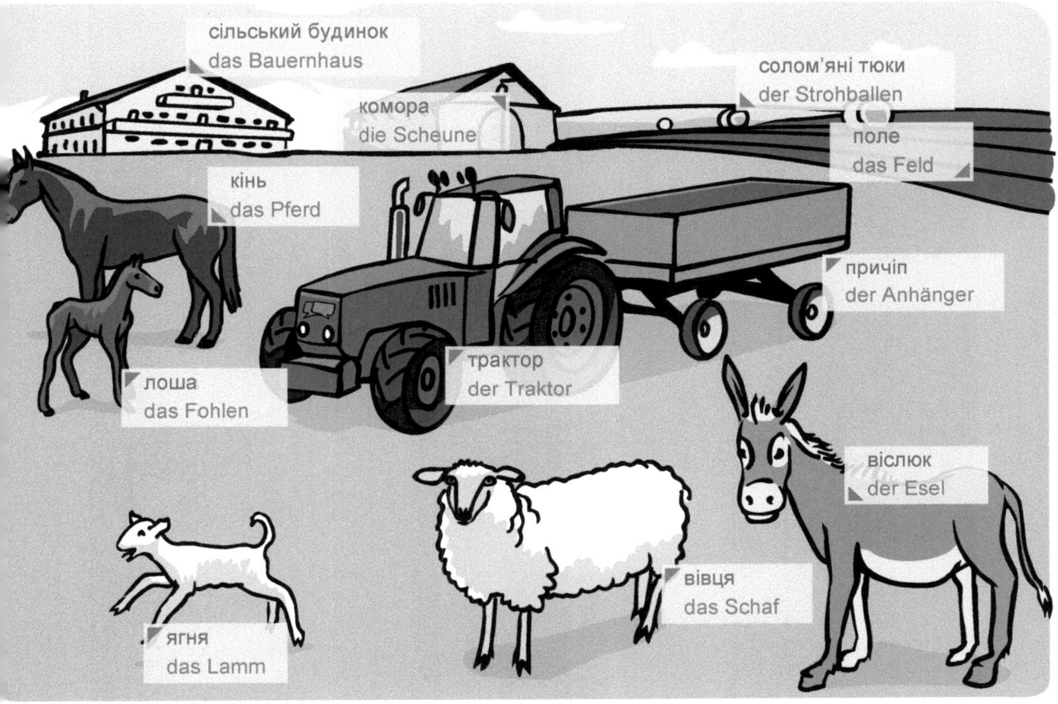
сільський будинок
das Bauernhaus
солом'яні тюки
der Strohballen
комора
die Scheune
поле
das Feld
кінь
das Pferd
причіп
der Anhänger
трактор
der Traktor
лоша
das Fohlen
віслюк
der Esel
вівця
das Schaf
ягня
das Lamm

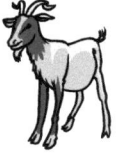

коза

die Ziege

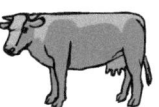

корова

die Kuh

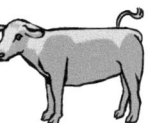

теля

das Kalb

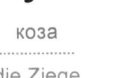

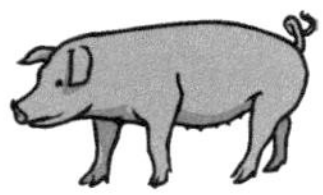

свиня

das Schwein

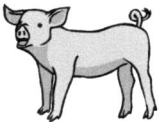

порося

das Ferkel

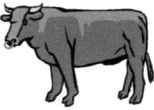

бик

der Bulle

гусак

die Gans

качка

die Ente

курча

das Küken

курка

das Huhn

півень

der Hahn

щур

die Ratte

кіт

die Katze

миша

die Maus

віл

der Ochse

собака

der Hund

собача будка

die Hundehütte

садовий шланг

der Gartenschlauch

лійка

die Gießkanne

коса

die Sense

плуг

der Pflug

серп

die Sichel

мотика

die Hacke

вила

die Mistgabel

сокира

die Axt

тачка

die Schubkarre

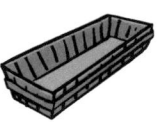

корито

der Trog

бідон молока

die Milchkarne

мішок

der Sack

паркан

der Zaun

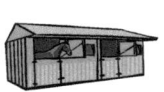

хлів

der Stall

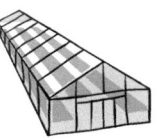

теплиця

das Treibhaus

ґрунт

der Boden

насіння

die Saat

добриво

der Dünger

комбайн

der Mähdrescher

ферма - der Bauernhof

пожинати

ernten

урожай

die Ernte

корінь ямсу

die Yamswurzel

пшениця

der Weizen

соя

das Soja

картопля

die Kartoffel

кукурудза

der Mais

ріпак

der Raps

плодове дерево

der Obstbaum

маніок

der Maniok

злаки

das Getreide

дім

das Haus

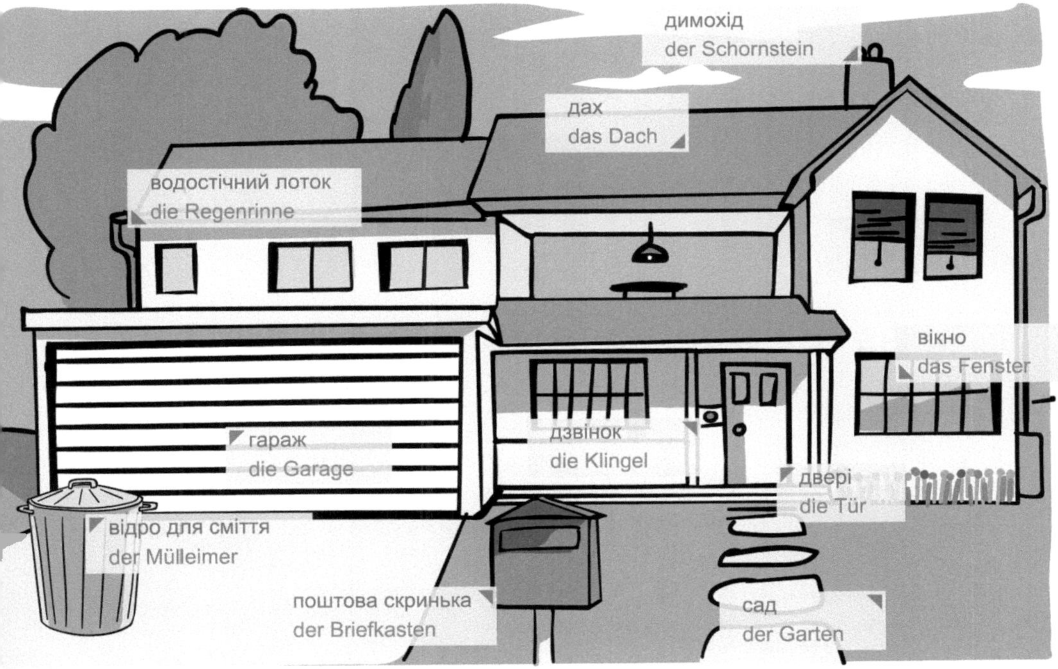

димохід
der Schornstein
дах
das Dach
водостічний лоток
die Regenrinne
вікно
das Fenster
гараж
die Garage
дзвінок
die Klingel
двері
die Tür
відро для сміття
der Mülleimer
поштова скринька
der Briefkasten
сад
der Garten

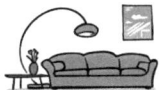

вітальня

das Wohnzimmer

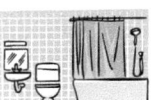

ванна кімната

das Badezimmer

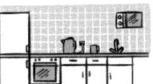

кухня

die Küche

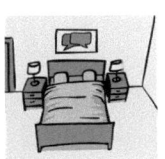

спальня

das Schlafzimmer

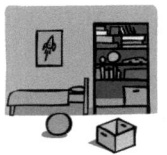

дитяча кімната

das Kinderzimmer

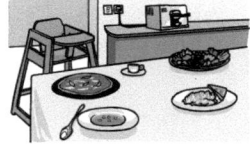

їдальня

das Esszimmer

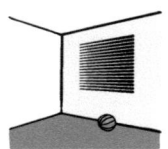

підлога
der Boden

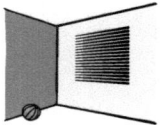

стіна
die Wand

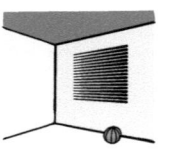

стеля
die Decke

підвал
der Keller

сауна
die Sauna

балкон
der Balkon

тераса
die Terrasse

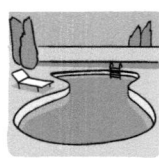

басейн
das Schwimmbad

косарка
der Rasenmäher

простирало
der Bettbezug

ковдра
die Bettdecke

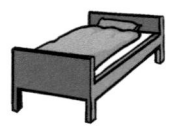

ліжко
das Bett

мітла
der Besen

відро
der Eimer

перемикач
der Schalter

вітальня
das Wohnzimmer

шпалери
die Tapete
малюнок
das Bild
лампа
die Lampe
поличка
das Regal
шафа
der Schrank
телевізор
der Fernseher
камін
der Kamin
квітка
die Blume
подушка
das Kissen
диван
das Sofa
ваза
die Vase
пульт
die Fernbedienung

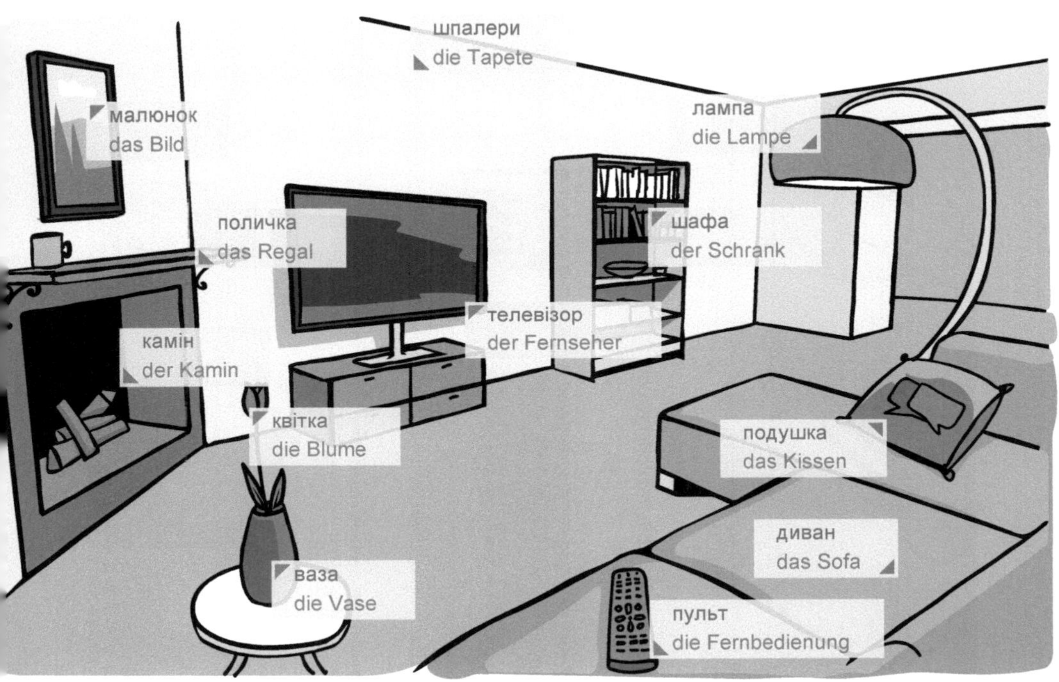

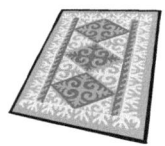

килим

der Teppich

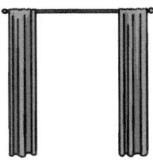

завіса

der Vorhang

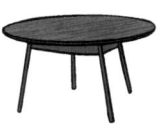

стіл

der Tisch

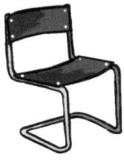

стілець

der Stuhl

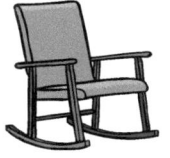

крісло-гойдалка

der Schaukelstuhl

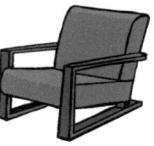

крісло

der Sessel

книга

das Buch

ковдра

die Decke

прикраса

die Dekoration

дрова

das Feuerholz

фільм

der Film

стереосистема

die Stereoanlage

ключ

der Schlüssel

газета

die Zeitung

картина

das Gemälde

плакат

das Poster

радіо

das Radio

блокнот

der Notizblock

пилосос

der Staubsauger

кактус

der Kaktus

свічка

die Kerze

кухня
die Küche

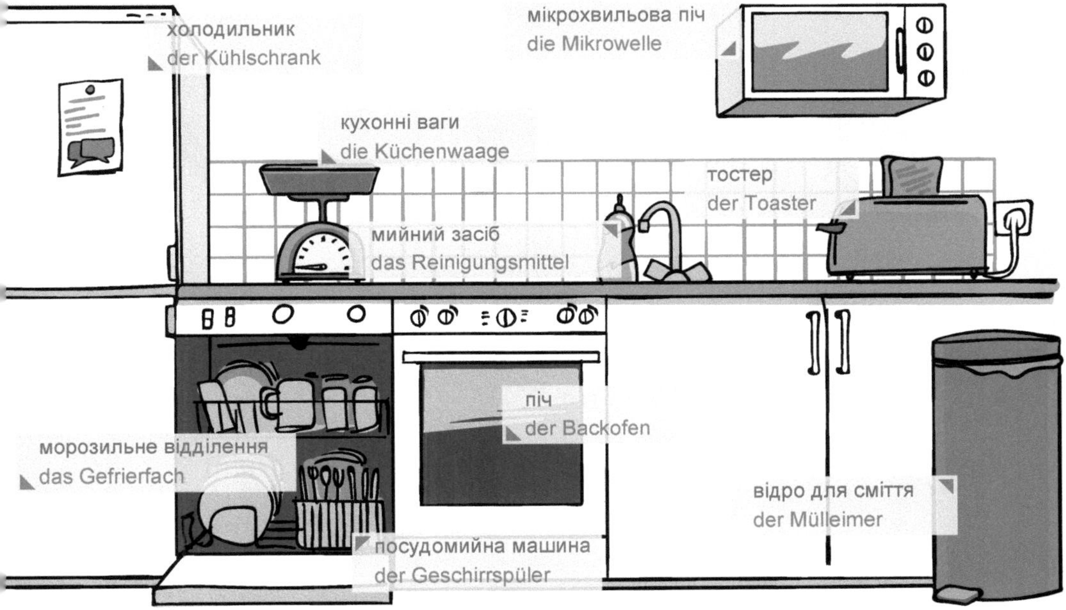
холодильник
der Kühlschrank
мікрохвильова піч
die Mikrowelle
кухонні ваги
die Küchenwaage
тостер
der Toaster
мийний засіб
das Reinigungsmittel
піч
der Backofen
морозильне відділення
das Gefrierfach
відро для сміття
der Mülleimer
посудомийна машина
der Geschirrspüler

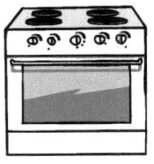

плита
der Herd

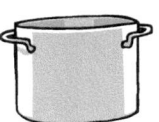

горщик
der Topf

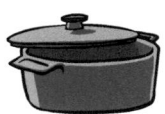

чавунний горщик
der Eisentopf

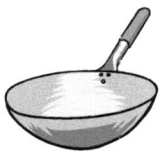

вок / кадай
der Wok / Kadai

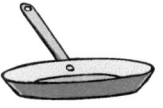

сковорода
die Pfanne

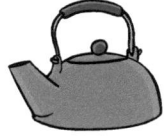

чайник
der Wasserkocher

пароварка

der Dampfgarer

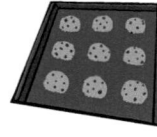

лист

das Backblech

посуд

das Geschirr

кухоль

der Becher

чаша

die Schale

палички для їжі

die Essstäbchen

черпак

die Suppenkelle

лопатка

der Pfannenwender

вінчик для збивання

der Schneebesen

сито

das Kochsieb

сито

das Sieb

терка

die Reibe

ступка

der Mörser

барбекю

der Grill

багаття

die Feuerstelle

дошка

das Schneidebrett

качалка

das Nudelholz

штопор

der Korkenzieher

конзерва

die Dose

відкривачка

der Dosenöffner

прихватки

der Topflappen

раковина

das Waschbecken

щітка

die Bürste

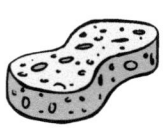

губка

der Schwamm

міксер

der Mixer

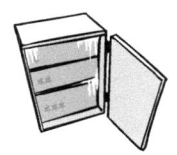

морозильна камера

die Gefriertruhe

дитяча пляшка

die Babyflasche

кран

der Wasserhahn

кухня - die Küche

ванна кімната
das Badezimmer

опалення
die Heizung
душ
die Dusche
рушник
das Handtuch
душова завіса
der Duschvorhang
пініста ванна
das Schaumbad
ванна
die Badewanne
склянка
das Glas
пральна машина
die Waschmaschine
кран
der Wasserhahn
плитка
die Fliesen
горшок
das Töpfchen
раковина
das Waschbecken

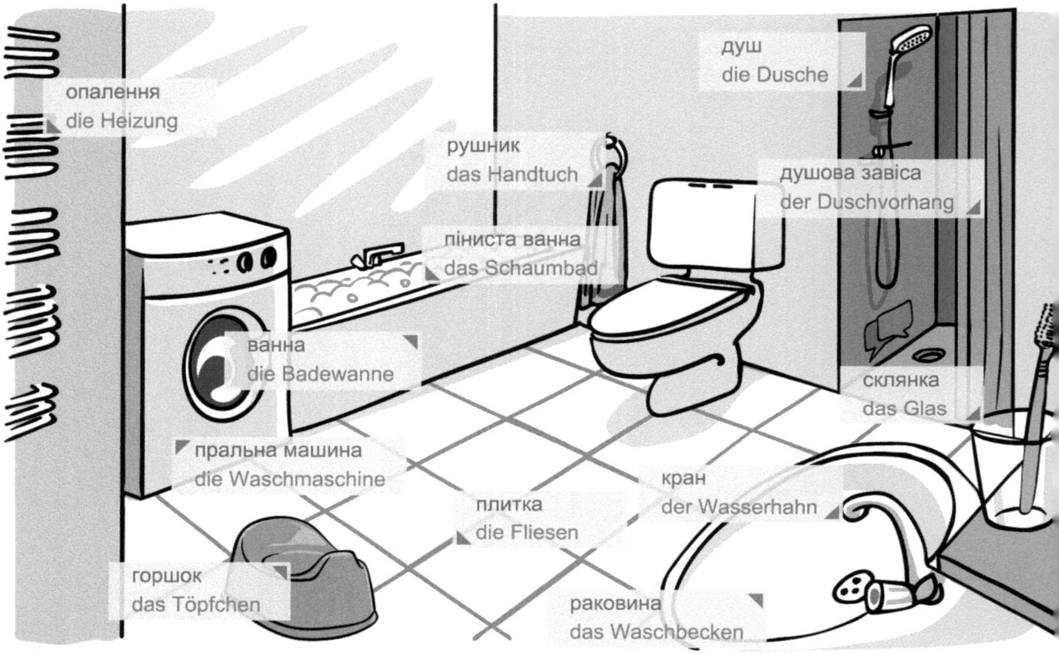

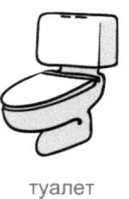

туалет

die Toilette

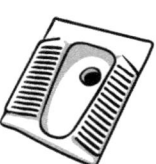

підлоговий туалет

die Hocktoilette

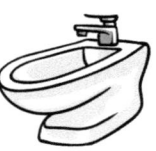

біде

das Bidet

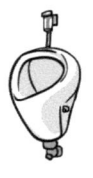

пісуар

das Pissoir

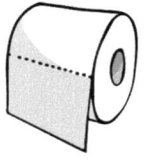

туалетний папір

das Toilettenpapier

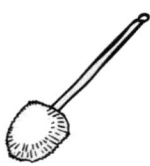

щітка для туалету

die Toilettenbürste

зубна щітка

die Zahnbürste

зубна паста

die Zahnpasta

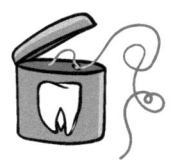

нитка для чищення зубів

die Zahnseide

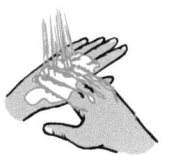

мити

waschen

ручний душ

die Handbrause

інтимний душ

die Intimdusche

таз

die Waschschüssel

щітка для спини

die Rückenbürste

мило

die Seife

гель для душу

das Duschgel

шампунь

das Shampoo

мочалка

der Waschlappen

водостік

der Abfluss

крем

die Creme

дезодорант

das Deodorant

ванна кімната - das Badezimmer

дзеркало

der Spiegel

косметичне дзеркало

der Kosmetikspiegel

бритва

der Rasierer

піна для гоління

der Rasierschaum

лосьйон після гоління

das Rasierwasser

гребінь

der Kamm

щітка

die Bürste

фен

der Föhn

лак для волосся

das Haarspray

косметика

das Makeup

губна помада

der Lippenstift

лак для нігтів

der Nagellack

вата

die Watte

ножиці для нігтів

die Nagelschere

парфум

das Parfum

косметичка

der Kulturbeutel

табурет

der Hocker

ваги

die Waage

халат

der Bademantel

гумові рукавички

die Gummihandschuhe

тампон

das Tampon

гігієнічні прокладки

die Damenbinde

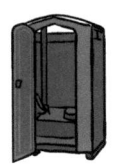

біотуалет

die Chemietoilette

дитяча кімната

das Kinderzimmer

будильник
der Wecker
м'яка іграшка
das Kuscheltier
іграшковий автомобіль
das Spielzeugauto
брязкальце
die Rassel
ляльковий будиночок
das Puppenhaus
подарунок
das Geschenk

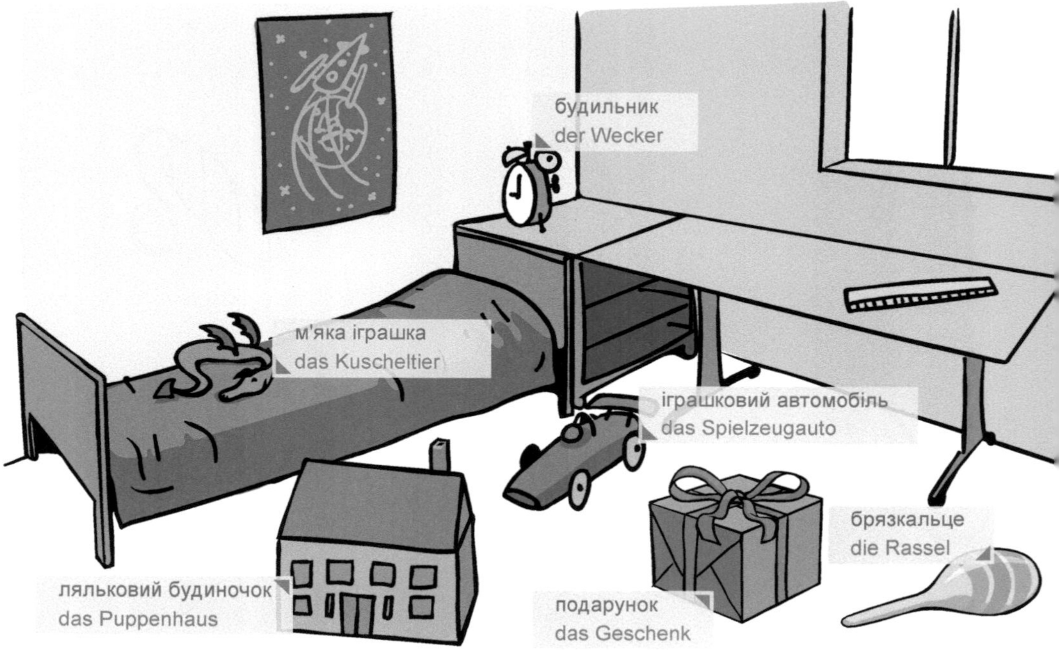

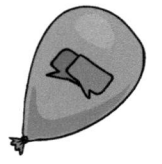

повітряна кулька

der Ballon

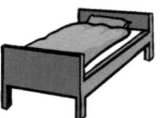

ліжко

das Bett

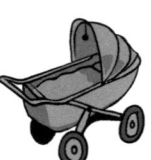

дитячий візок

der Kinderwagen

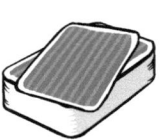

картярська гра

das Kartenspiel

пазл

das Puzzle

SUPER
MEGA

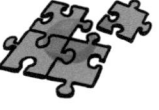

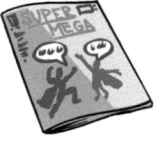

комікс

der Comic

лего цеглинки

die Legosteine

блоки

die Bausteine

іграшкова фігурка

die Action Figur

повзунки

der Strampelanzug

фризбі

das Frisbee

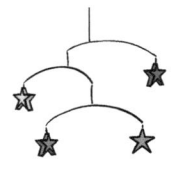

мобіле

das Mobile

настільна гра

das Brettspiel

кубик

der Würfel

модель залізнична станція

die Modelleisenbahn

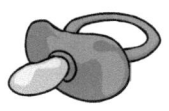

соска

der Schnuller

вечірка

die Party

книжка з картинками

das Bilderbuch

м'яч

der Ball

лялька

die Puppe

грати

spielen

пісочниця

der Sandkasten

гойдалка

die Schaukel

іграшка

das Spielzeug

гральна консоль

die Spielkonsole

триколісний велосипед

das Dreirad

плюшевий мішка

der Teddy

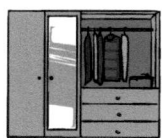

шафа

der Kleiderschrank

одяг

die Kleidung

шкарпетки

die Socken

панчохи

die Strümpfe

колготки

die Strumpfhose

шарф
der Schal

парасоля
der Regenschirm

ремінь
der Gürtel

футболка
das T-Shirt

чоботи
der Stiefel

домашнє взуття
die Hausschuhe

кросівки
die Turnschuhe

сандалі
die Sandalen

взуття
die Schuhe

гумові чоботи
die Gummistiefel

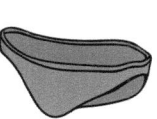

труси
die Unterhose

бюстгальтер
der Büstenhalter

нижня сорочка
das Unterhemd

боді

der Body

штани

die Hose

джинси

die Jeans

спідниця

der Rock

блузка

die Bluse

сорочка

das Hemd

пуловер

der Pullover

светр

der Kapuzenpullover

піджак

der Blazer

куртка

die Jacke

пальто

der Mantel

дощовик

der Regenmantel

костюм

das Kostüm

сукня

das Kleid

весільна сукня

das Hochzeitskleid

одяг - die Kleidung

костюм

der Anzug

нічна сорочка

das Nachthemd

піжама

der Schlafanzug

сарі

der Sari

головна хустка

das Kopftuch

чалма

der Turban

бурка

die Burka

кафтан

der Kaftan

абая

die Abaya

купальник

der Badeanzug

плавки

die Badehose

шорти

die kurze Hose

тренувальний ксстюм

der Trainingsanzug

фартух

die Schürze

рукавички

die Handschuhe

гудзик

der Knopf

окуляри

die Brille

браслет

das Armband

ланцюг

die Halskette

кільце

der Ring

сережка

der Ohrring

шапка

die Mütze

плічка

der Kleiderbügel

капелюх

der Hut

краватка

die Krawatte

застібка-блискавка

der Reißverschluss

шолом

der Helm

підтяжки

der Hosenträger

шкільна форма

die Schuluniform

уніформа

die Uniform

нагрудник

das Lätzchen

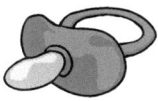

соска

der Schnuller

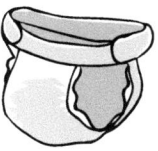

підгузок

die Windel

офіс
das Büro

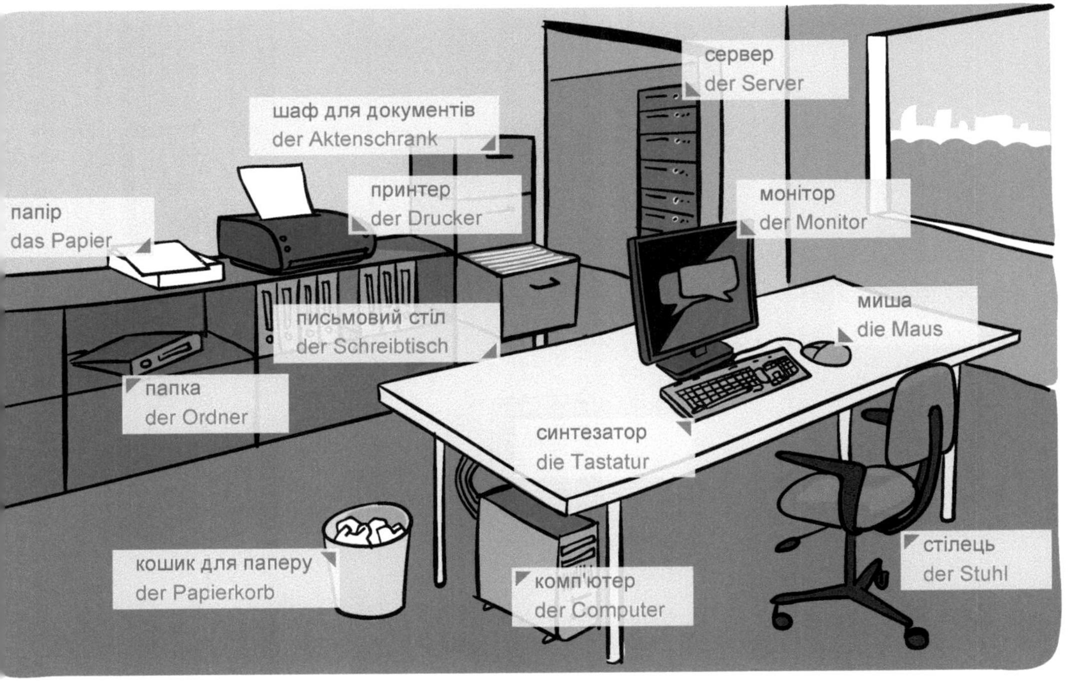

сервер
der Server

шаф для документів
der Aktenschrank

принтер
der Drucker

монітор
der Monitor

папір
das Papier

письмовий стіл
der Schreibtisch

миша
die Maus

папка
der Ordner

синтезатор
die Tastatur

кошик для паперу
der Papierkorb

комп'ютер
der Computer

стілець
der Stuhl

кавовий кухоль

der Kaffeebecher

калькулятор

der Taschenrechner

інтернет

das Internet

ноутбук

der Laptop

лист

der Brief

повідомлення

die Nachricht

мобільний телефон

das Handy

мережа

das Netzwerk

копіювальний пристрій

der Kopierer

програмне забезпечення

die Software

телефон

das Telefon

розетка

die Steckdose

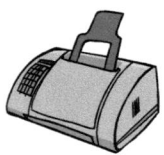

факс

das Fax

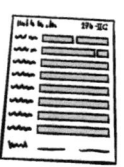

бланк

das Formular

документ

das Dokument

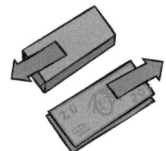

купувати

kaufen

платити

bezahlen

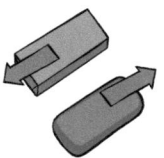

торгувати

handeln

гроші

das Geld

долар

der Dollar

євро

der Euro

ієна

der Yen

рубль

der Rubel

франк

der Franken

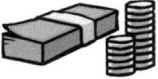

юанів женьміньбі

der Renminbi Yuan

рупія

die Rupie

банкомат

der Geldautomat

обмінний пункт

die Wechselstube

золото

das Gold

срібло

das Silber

нафта

das Öl

енергія

die Energie

ціна

der Preis

контракт

der Vertrag

податок

die Steuer

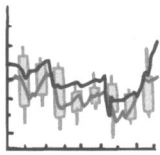

акція

die Aktie

працювати

arbeiten

працівник

der Angestellte

роботодавець

der Arbeitgeber

фабрика

die Fabrik

магазин

das Geschäft

професії
die Berufe

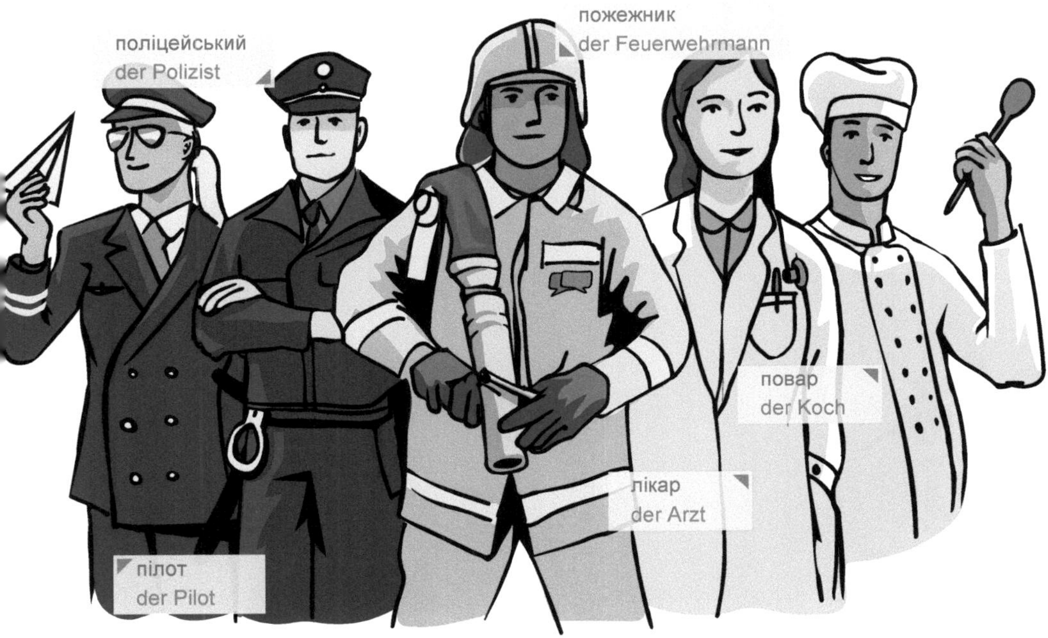
поліцейський
der Polizist
пожежник
der Feuerwehrmann
повар
der Koch
лікар
der Arzt
пілот
der Pilot

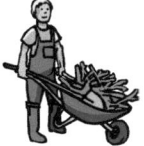

садівник

der Gärtner

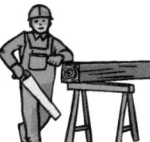

столяр

der Tischler

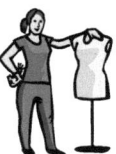

швачка

die Näherin

суддя

der Richter

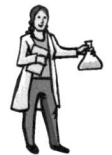

хімік

der Chemiker

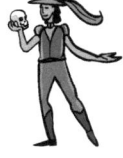

актор

der Schauspieler

водій автобуса

der Busfahrer

таксист

der Taxifahrer

рибалка

der Fischer

прибиральниця

die Putzfrau

покрівельник

der Dachdecker

офіціант

der Kellner

мисливець

der Jäger

художник

der Maler

пекар

der Bäcker

електрик

der Elektriker

будівельник

der Bauarbeiter

інженер

der Ingenieur

забійник

der Schlachter

бляхар

der Klempner

листоноша

der Postbote

професії - die Berufe

солдат

der Soldat

архітектор

der Architekt

касир

der Kassierer

флорист

der Florist

перукар

der Friseur

кондуктор

der Schaffner

механік

der Mechaniker

капітан

der Kapitän

дантист

der Zahnarzt

вчений

der Wissenschaftler

рабин

der Rabbi

імам

der Imam

монах

der Mönch

пастор

der Geistliche

професії - die Berufe

інструменти
die Werkzeuge

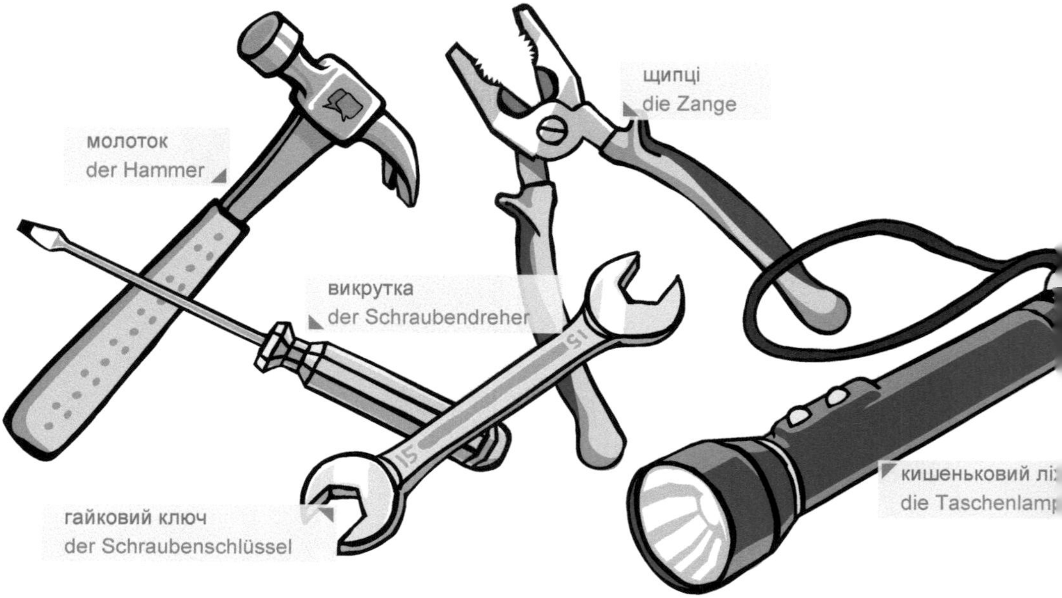

молоток
der Hammer
щипці
die Zange
викрутка
der Schraubendreher
гайковий ключ
der Schraubenschlüssel
кишеньковий лі
die Taschenlamp

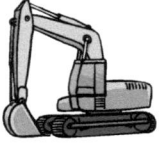

екскаватор

der Bagger

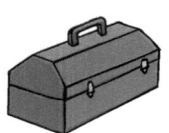

ящик для інструментів

der Werkzeugkasten

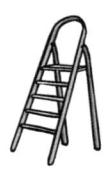

драбина

die Leiter

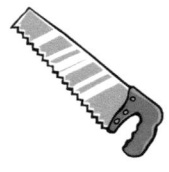

пилка

die Säge

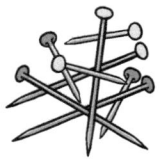

цвяхи

die Nägel

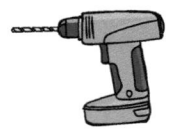

свердло

der Bohrer

ремонтувати

reparieren

лопата

die Schaufel

лайно!

Mist!

совок

das Kehrblech

відро з фарбою

der Farbtopf

гвинти

die Schrauben

музичні інструменти
die Musikinstrumente

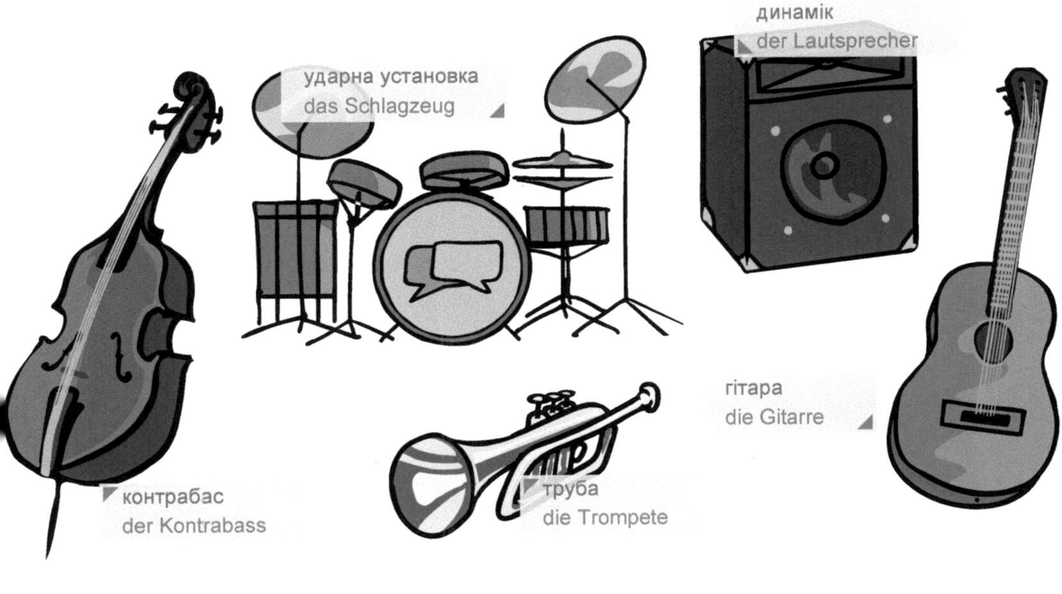

ударна установка
das Schlagzeug

динамік
der Lautsprecher

гітара
die Gitarre

контрабас
der Kontrabass

труба
die Trompete

фортепіано

das Klavier

скрипка

die Violine

бас

der Bass

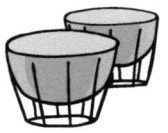

литаври

die Pauke

барабан

die Trommeln

клавіатура

das Keyboard

саксофон

das Saxophon

флейта

die Flöte

мікрофон

das Mikrofon

зоопарк
der Zoo

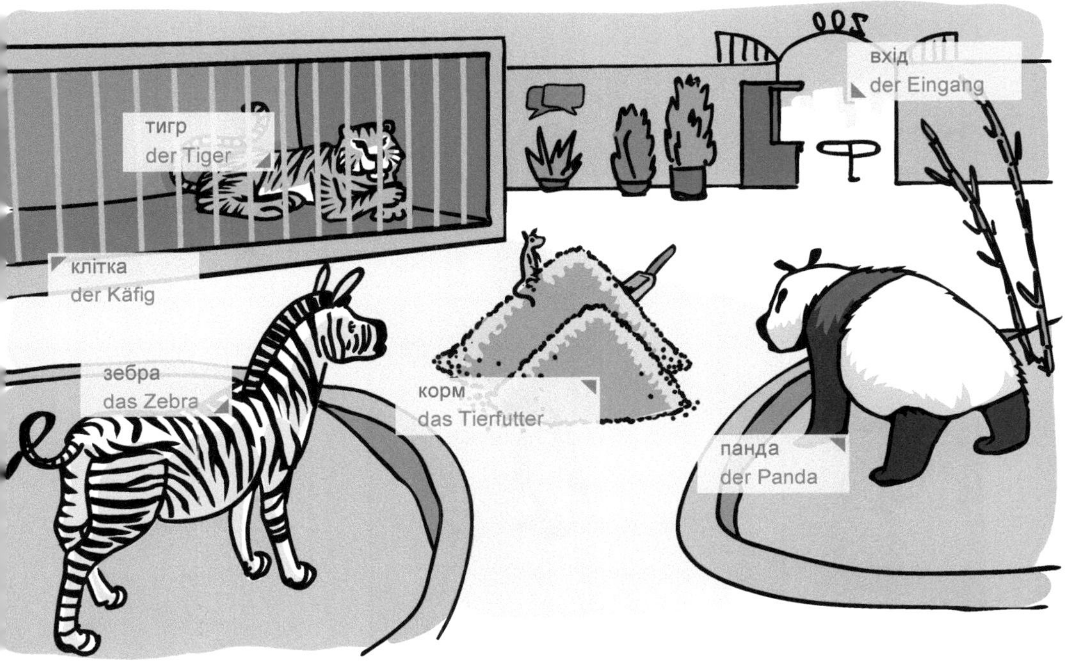
вхід
der Eingang
тигр
der Tiger
клітка
der Käfig
зебра
das Zebra
корм
das Tierfutter
панда
der Panda

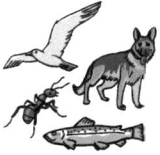

тварини

die Tiere

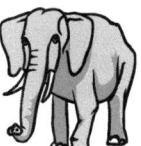

слон

der Elefant

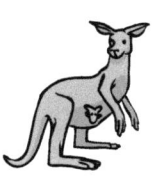

кенгуру

das Känguruh

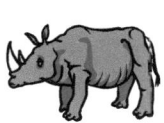

носоріг

das Nashorn

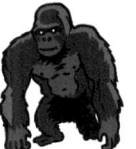

горила

der Gorilla

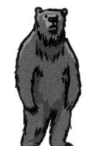

ведмідь

der Bär

верблюд

das Kamel

страус

der Strauß

лев

der Löwe

мавпа

der Affe

фламінго

der Flamingo

папуга

der Papagei

білий ведмідь

der Eisbär

пінгвін

der Pinguin

акула

der Hai

павич

der Pfau

змія

die Schlange

крокодил

das Krokodil

працівник зоопарку

der Zoowärter

тюлень

die Robbe

ягуар

der Jaguar

поні
das Pony

леопард
der Leopard

гіпопотам
das Nilpferd

жираф
die Giraffe

орел
der Adler

кабан
das Wildschwein

риба
der Fisch

черепаха
die Schildkröte

морж
das Walross

лисиця
der Fuchs

газель
die Gazelle

спорт
der Sport

американський футбол
das American Football

їзда на велосипеді
das Radfahren

теніс
das Tennis

баскетбол
der Basketball

плавання
das Schwimmen

бокс
das Boxen

хокей
das Eishockey

футбол
der Fußball

бадмінтон
das Badminton

легка атлетика
die Leichtathletik

гандбол
der Handball

лижні перегони
das Skilaufen

поло
das Polo

дії

die Aktivitäten

сміятися
lachen
стрибати
springen
обіймати
umarmen
йти
gehen
співати
singen
мріяти
träumen
молитися
beten
цілувати
küssen

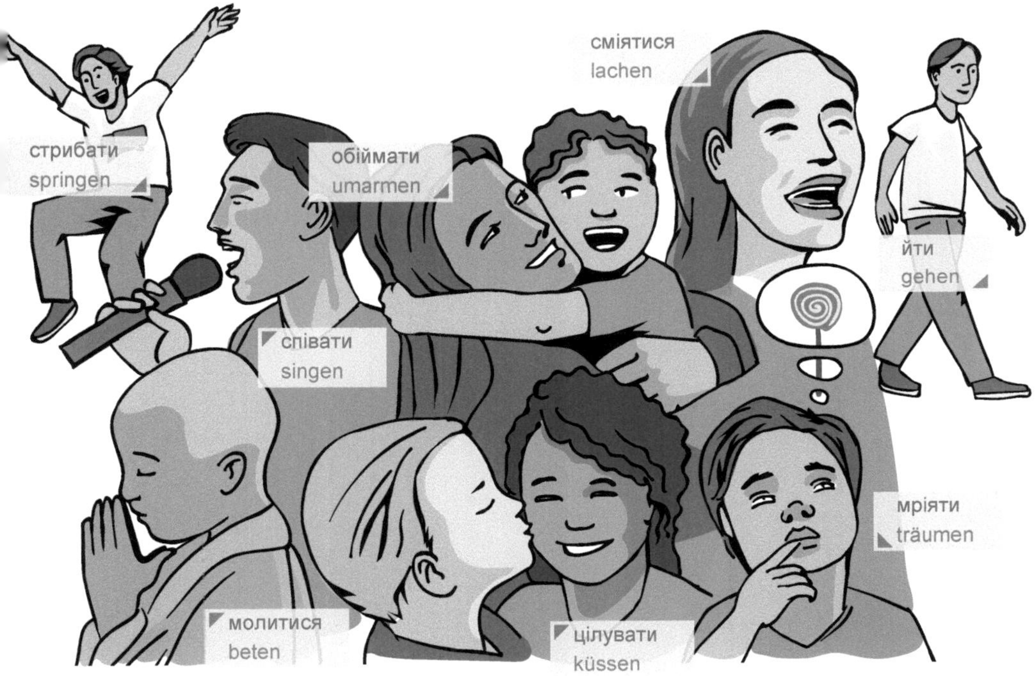

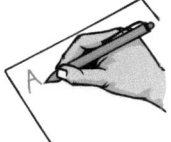

писати

schreiben

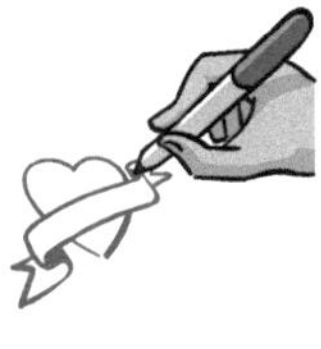

малювати

zeichnen

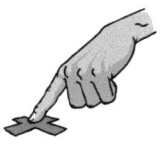

показувати

zeigen

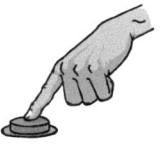

тиснути

drücken

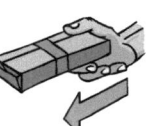

давати

geben

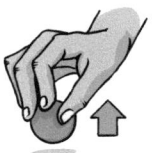

брати

nehmen

мати

haben

робити

tun

бути

sein

стояти

stehen

бігати

laufen

тягнути

ziehen

кидати

werfen

падати

fallen

лежати

liegen

очікувати

warten

носити

tragen

сидіти

sitzen

одягати

anziehen

спати

schlafen

просипатися

aufwachen

дивитися

ansehen

плакати

weinen

гладити

streicheln

розчісувати

kämmen

розмовляти

reden

розуміти

verstehen

питати

fragen

слухати

hören

пити

trinken

їсти

essen

прибирати

aufräumen

любити

lieben

варити

kochen

їхати

fahren

літати

fliegen

йти під вітрилом

segeln

рахувати

rechnen

читати

lesen

вчитися

lernen

працювати

arbeiten

одружуватися

heiraten

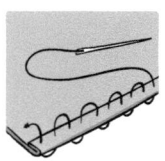

шити

nähen

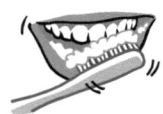

чистити зуби

Zähne putzen

убивати

töten

курити

rauchen

посилати

senden

сім'я
die Familie

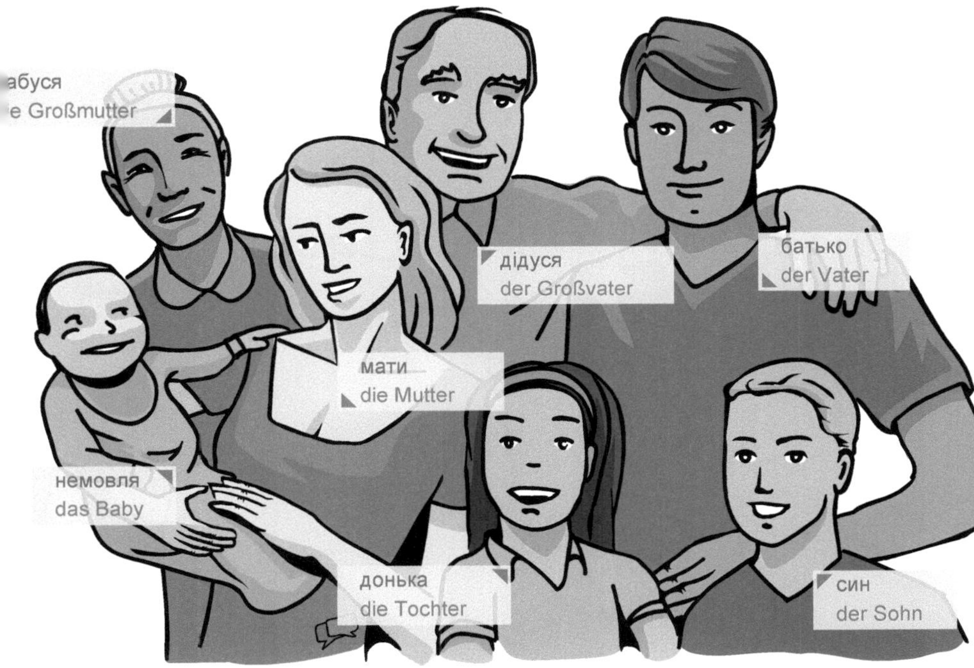

абуся
e Großmutter
дідуся
der Großvater
батько
der Vater
мати
die Mutter
немовля
das Baby
донька
die Tochter
син
der Sohn

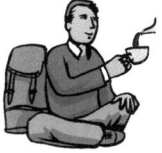

гість
der Gast

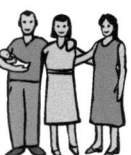

тітка
die Tante

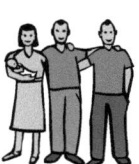

дядько
der Onkel

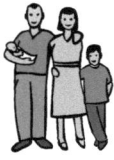

брат
der Bruder

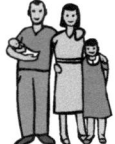

сестра
die Schwester

тіло

der Körper

чоло
die Stirn
око
das Auge
плече
die Schulter
палець
der Finger
обличчя
das Gesicht
підборіддя
das Kinn
кисть
die Hand
груди
die Brust
нога
das Bein
рука
der Arm

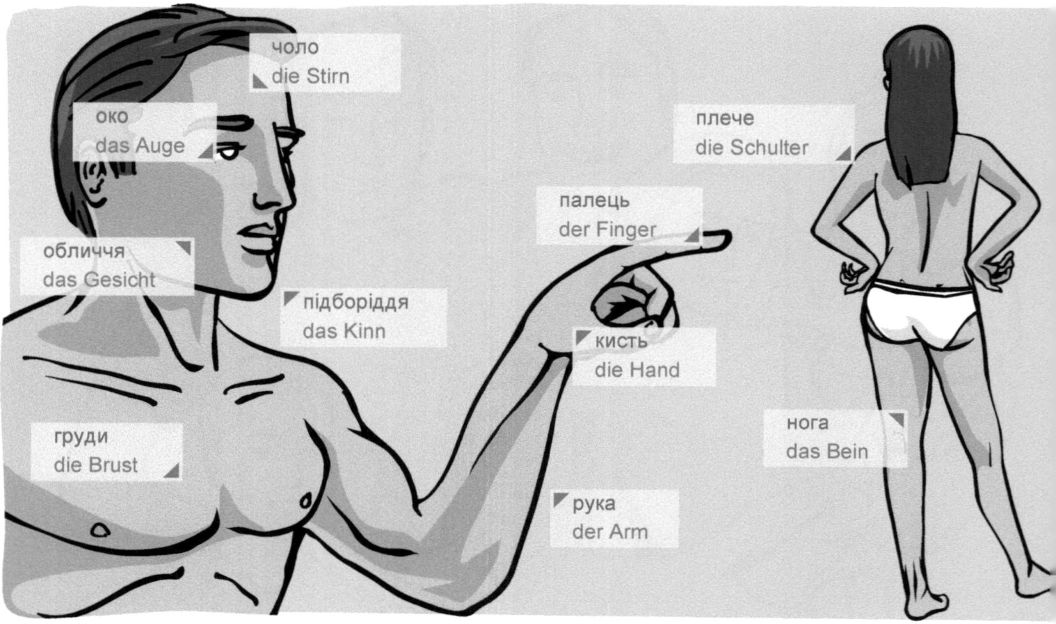

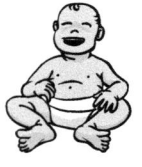

немовля
das Baby

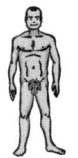

чоловік
der Mann

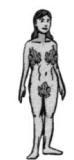

жінка
die Frau

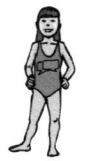

дівчина
das Mädchen

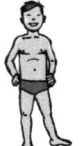

хлопчик
der Junge

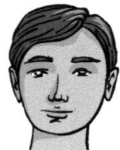

голова
der Kopf

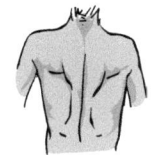

спина

der Rücken

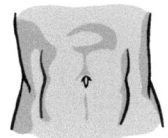

живіт

der Bauch

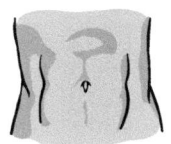

пуп

der Nabel

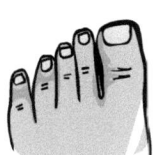

палець ноги

der Zeh

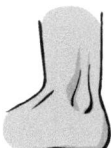

п'ята

die Ferse

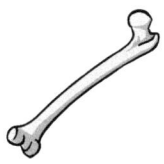

кістка

der Knochen

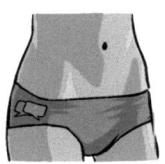

стегно

die Hüfte

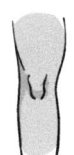

коліно

das Knie

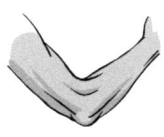

лікоть

der Ellenbogen

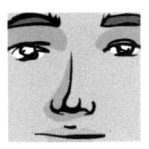

ніс

die Nase

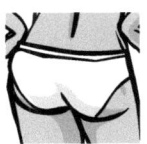

сідниці

das Gesäß

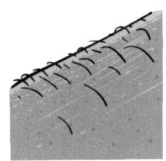

шкіра

die Haut

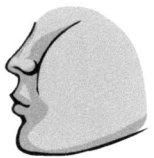

щока

die Wange

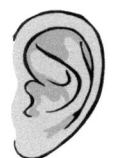

вухо

das Ohr

губа

die Lippe

рот

der Mund

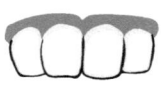

зуб

der Zahn

язик

die Zunge

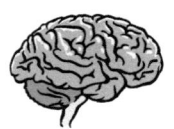

мозок

das Gehirn

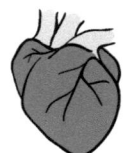

серце

das Herz

м'яз

der Muskel

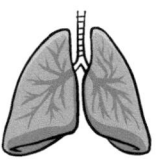

легені

die Lunge

печінка

die Leber

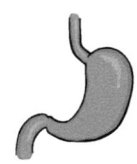

шлунок

der Magen

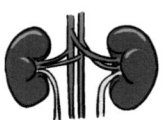

нирки

die Nieren

статевий акт

der Geschlechtsverkehr

презерватив

das Kondom

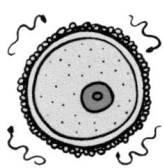

яйцеклітина

die Eizelle

сперма

das Sperma

вагітність

die Schwangerschaft

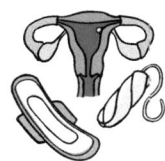

менструація

die Menstruation

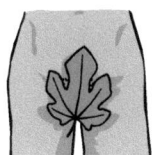

вагіна

die Vagina

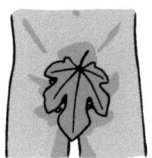

пеніс

der Penis

брова

die Augenbraue

волосся

das Haar

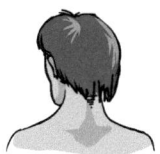

шия

der Hals

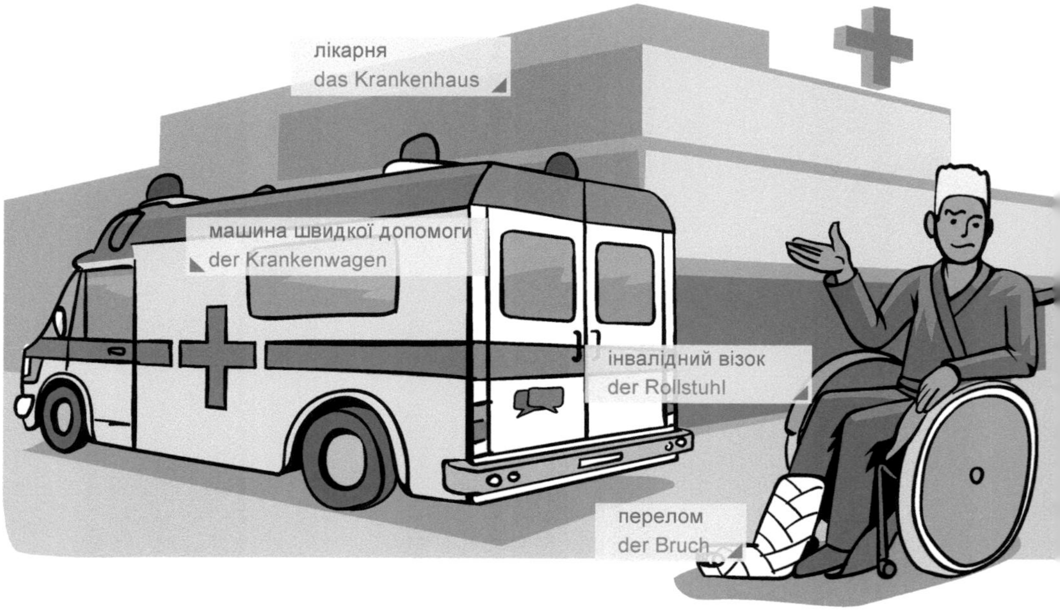

лікарня
das Krankenhaus

машина швидкої допомоги
der Krankenwagen

інвалідний візок
der Rollstuhl

перелом
der Bruch

лікар

der Arzt

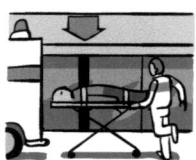

відділення швидкої
медичної допомоги

die Notaufnahme

медсестра

die Krankenschwester

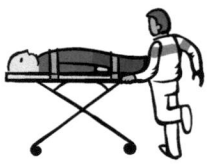

аварійний випадок

der Notfall

непритомний

ohnmächtig

біль

der Schmerz

травма

die Verletzung

кровотеча

die Blutung

інфаркт

der Herzinfarkt

інсульт

der Schlaganfall

алергія

die Allergie

кашель

der Husten

лихоманка

das Fieber

грип

die Grippe

пронос

der Durchfall

головна біль

die Kopfschmerzen

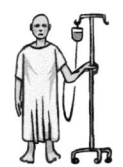

рак

der Krebs

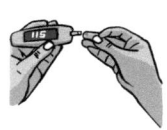

діабет

die Diabetis

хірург

der Chirurg

скальпель

das Skalpell

операція

die Operation

лікарня - das Krankenhaus

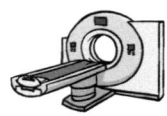

КТ

das CT

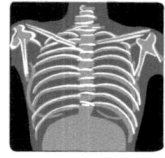

рентген

das Röntgen

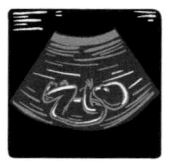

ультразвук

das Ultraschall

маска

die Maske

хвороба

die Krankheit

зал очікування

das Wartezimmer

милиця

die Krücke

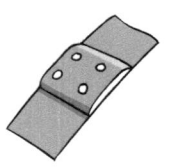

пластир

das Pflaster

пов'язка

der Verband

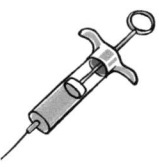

ін'єкція

die Injektion

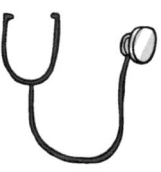

стетоскоп

das Stethoskop

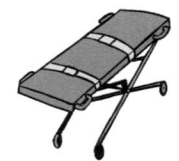

ноші

die Trage

термометр

das Thermometer

народження

die Geburt

надмірна вага

das Übergewicht

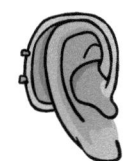

слуховий апарат

das Hörgerät

дезінфікуючий засіб

das Desinfektionsmittel

інфекція

die Infektion

вірус

das Virus

ВІЛ / СНІД

das HIV / AIDS

медицина

die Medizin

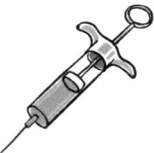

вакцинація

die Impfung

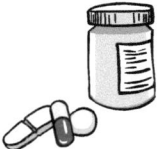

таблетки

die Tabletten

протизаплідна пігулка

die Pille

екстрений виклик

der Notruf

тонометр

das Blutdruck-Messgerät

хворий / здоровий

krank / gesund

Допоможіть!

Hilfe!

сигнал тривоги

der Alarm

напад

der Überfall

атака

der Angriff

небезпека

die Gefahr

аварійний вихід

der Notausgang

Вогонь!

Feuer!

вогнегасник

der Feuerlöscher

аварія

der Unfall

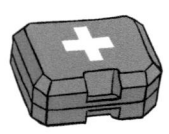

аптечка

der Erste-Hilfe-Koffer

COC

SOS

поліція

die Polizei

Європа

das Europa

Північна Америка

das Nordamerika

Південна Америка

das Südamerika

Африка

das Afrika

Азія

das Asien

Австралія

das Australien

Атлантика

der Atlantik

Тихий океан

der Pazifik

Індійський океан

der Indische Ozean

Антарктичний океан

der Antarktische Ozean

Північний Льодовитий
океан

der Arktische Ozean

Північний полюс

der Nordpol

Південний полюс

der Südpol

Антарктика

die Antarktis

Земля

die Erde

суша

das Land

море

das Meer

острів

die Insel

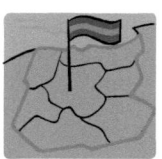

нація

die Nation

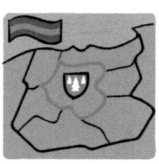

держава

der Staat

циферблат

das Zifferblatt

годинникова стрілка

der Stundenzeiger

хвилинна стрілка

der Minutenzeiger

секундна стрілка

der Sekundenzeiger

Котра година?

Wie spät ist es?

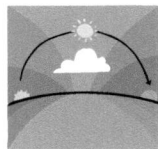

день

der Tag

час

die Zeit

зараз

jetzt

цифровий годинник

die Digitaluhr

хвилина

die Minute

година

die Stunde

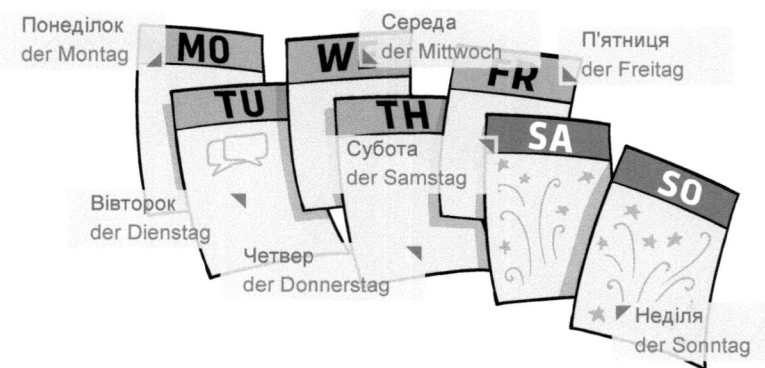

Понеділок
der Montag

Середа
der Mittwoch

П'ятниця
der Freitag

Вівторок
der Dienstag

Четвер
der Donnerstag

Субота
der Samstag

Неділя
der Sonntag

вчора

gestern

сьогодні

heute

завтра

morgen

ранок

der Morgen

опівдні

der Mittag

вечір

der Abend

робочі дні

die Arbeitstage

кінець робочого тижня

das Wochenende

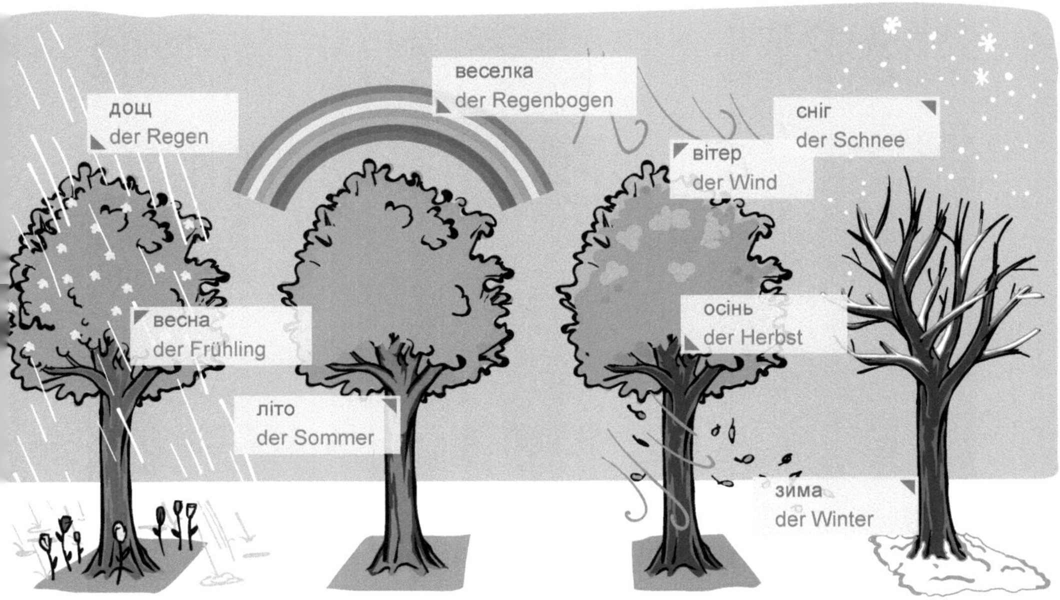

дощ
der Regen
веселка
der Regenbogen
сніг
der Schnee
вітер
der Wind
весна
der Frühling
осінь
der Herbst
літо
der Sommer
зима
der Winter

4.APRIL 11°
5.APRIL 4°
6.APRIL 13°
7.APRIL 8°
8.APRIL 10°

прогноз погоди

die Wettervorhersage

F C
120 40
90 30
60 20
30 10
0 0
-30 -10
-20

термометр

das Thermometer

сонячне світло

der Sonnenschein

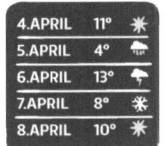

хмара

die Wolke

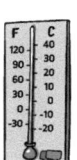

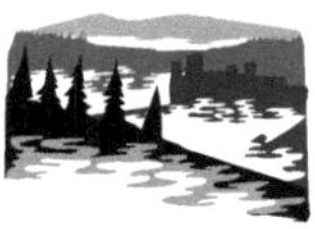

туман

der Nebel

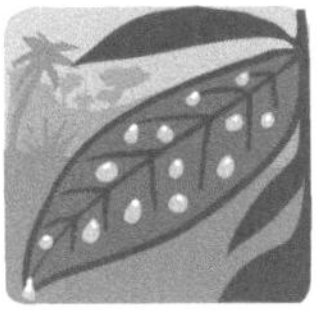

вологість повітря

die Luftfeuchtigkeit

блискавка

der Blitz

грім

der Donner

шторм

der Sturm

град

der Hagel

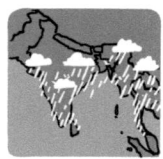

мусон

der Monsun

повінь

die Flut

лід

das Eis

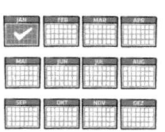

Січень

der Januar

Лютий

der Februar

Березень

der März

Квітень

der April

Травень

der Mai

Червень

der Juni

Липень

der Juli

Серпень

der August

Вересень

der September

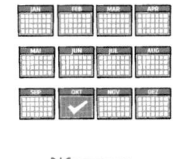

Жовтень

der Oktober

Листопад

der November

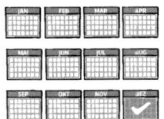

Грудень

der Dezember

круг

der Kreis

квадрат

das Quadrat

прямокутник

das Rechteck

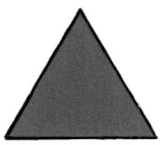

трикутник

das Dreieck

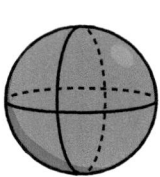

куля

die Kugel

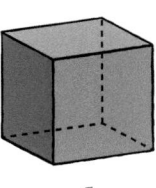

куб

der Würfel

фарби
die Farben

білий
weiß

жовтий
gelb

помаранчевий
orange

рожевий
pink

червоний
rot

фіолетовий
lila

синій
blau

зелений
grün

коричневий
braun

сірий
grau

чорний
schwarz

багато / мало

viel / wenig

лютий / мирний

wütend / friedlich

гарний / бридкий

hübsch / hässlich

початок / кінець

der Anfang / das Ende

великий / малий

groß / klein

світлий / темний

hell / dunkel

брат / сестра

der Bruder / die Schwester

чистий / брудний

sauber / schmutzig

завершений /
незавершений
vollständig / unvollständig

день / ніч

der Tag / die Nacht

мертвий / живий

tot / lebendig

широкий / вузький

breit / schmal

ïстівний / неïстівний

genießbar / ungenießbar

злий / дружній

böse / freundlich

збуджений / нудьгуючий

aufgeregt / gelangweilt

товстий / тонкий

dick / dünn

спочатку / востаннє

zuerst / zuletzt

друг / ворог

der Freund / der Feind

повний / порожній

voll / leer

жорсткий / м'який

hart / weich

важкий / легкий

schwer / leicht

голод / спрага

der Hunger / der Durst

хворий / здоровий

krank / gesund

незаконний / законний

illegal / legal

розумний / дурний

intelligent / dumm

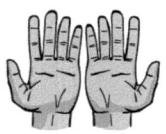

вліво / вправо

links / rechts

поруч / далеко

nah / fern

новий / використаний

neu / gebraucht

нічого / щось

nichts / etwas

старий / молодий

alt / jung

вкл / викл

an / aus

відкрито / закрито

offen / geschlossen

тихо / гучно

leise / laut

багатий / бідний

reich / arm

правильно / неправильно

richtig / falsch

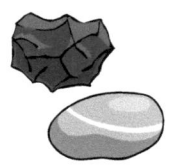

шорсткий / гладкий

rau / glatt

сумний / щасливий

traurig / glücklich

короткий / довгий

kurz / lang

повільно / швидко

langsam / schnell

вологий / сухий

nass / trocken

гарячий / холодний

warm / kühl

війна / мир

der Krieg / der Frieden

протилежності - die Gegenteile

0

нуль

null

1

один

eins

2

два

zwei

3

три

drei

4

чотири

vier

5

п'ять

fünf

6

шість

sechs

7

сім

sieben

8

вісім

acht

9

дев'ять

neun

10

десять

zehn

11

одинадцять

elf

12

дванадцять

zwölf

13

тринадцять

dreizehn

14

чотирнадцять

vierzehn

15

п'ятнадцять

fünfzehn

16

шістнадцять

sechzehn

17

сімнадцять

siebzehn

18

вісімнадцять

achtzehn

19

дев'ятнадцять

neunzehn

20

двадцять

zwanzig

100

сто

hundert

1.000

тисяча

tausend

1.000.000

мільйон

million

числа - die Zahlen

англійська

Englisch

американська англійська

Amerikanisches Englisch

китайська
високочиновницька

Chinesisch Mandarin

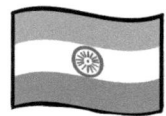

хінді

Hindi

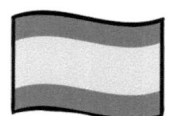

іспанська

Spanisch

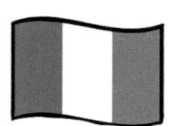

французька

Französisch

арабська

Arabisch

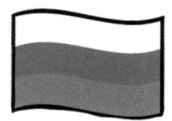

російська

Russisch

португальська

Portugiesisch

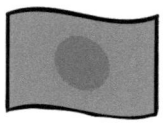

бенгальська

Bengalisch

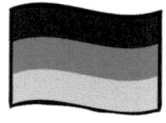

німецька

Deutsch

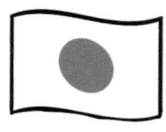

японська

Japanisch

я
ich

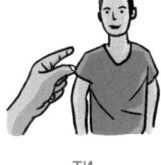

ти
du

він / вона / воно
er / sie / es

ми
wir

ви
ihr

вони
sie

хто?
wer?

що?
was?

як?
wie?

де?
wo?

коли?
wann?

HELLO, I AM

ім'я
Name

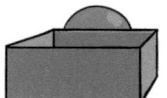

ззаду

hinter

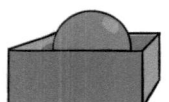

в

in

перед

vor

над

über

на

auf

під

unter

біля

neben

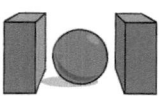

між

zwischen

місце

der Ort